CLAUDE-ROBERT

JARDEL

BIBLIOGRAPHE ET ANTIQUAIRE

PAR

STANISLAS PRIOUX

Correspondant du Ministère de l'Instruction publique
et de la Société Académique de Laon,
Membre de la Société de l'Histoire de France et de la Société
Archéologique de Soissons.

———

PARIS

Chez DUMOULIN, libraire, quai des Augustins, 13.

———

1859

CLAUDE-ROBERT

JARDEL

BIBLIOGRAPHE ET ANTIQUAIRE

CLAUDE-ROBERT

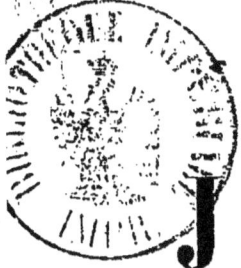

JARDEL

BIBLIOGRAPHE ET ANTIQUAIRE

PAR

STANISLAS PRIOUX

Correspondant du Ministère de l'Instruction publique
et de la Société Académique de Laon,
Membre de la Société de l'Histoire de France et de la Société
Archéologique de Soissons.

PARIS

Chez **DUMOULIN**, libraire, quai des Augustins, 13

1859

CLAUDE-ROBERT

JARDEL

BIBLIOGRAPHE ET ANTIQUAIRE

On sait que le vénérable Brulart de Sillery, évêque de Soissons, mourut à la suite d'excès de travail, le 20 novembre 1714, à l'âge de cinquante-neuf ans. « Il consacrait, disent » ses biographes, plus de la moitié de ses revenus au soula- » gement des pauvres ; simple et économe dans sa dépense, il » était prodigue à leur égard (1). »

Louis XIV, qui ne devait pas tarder à suivre M. de Sillery dans la tombe, lui donna pour successeur Monseigneur Joseph Languet de Gergy. En 1722, ce prélat, très-estimé à la cour, fit de grandes dépenses pour réparer et embellir les bâtiments de l'évêché, afin de recevoir dignement le jeune roi Louis XV, alors âgé de douze ans. Ce prince y demeura trois jours, au retour du voyage qu'il venait de faire à Reims, à l'occasion des cérémonies du sacre, cérémonies dont toute la France, et principalement la ville de Soissons, conservèrent longtemps la mémoire. Ce fut le 5 novembre de la même année que naquit à Braine *Claude-Robert* JARDEL.

Son père, qui lui donna ses deux noms de baptême, *Claude-Robert*, avait épousé, le 5 février 1712, mademoiselle *Magdeleine* FONTAINE, fille de *Robert* FONTAINE, l'un des négociants les plus honorables de la ville de Braine. Il avait alors le titre et remplissait les fonctions de maître d'hôtel de *Jeanne-Henriette-Marguerite* DE DURFORT, duchesse de DURAS, qui avait hérité du comté de Braine en 1697, à la mort de son père,

---

(1) Henri Martin, *Histoire de Soissons*, t. II.

Henri DE DURFORT, duc de DURAS, et qui venait de le trans-
mettre, en 1709, à la maison de Lorraine par son mariage
avec *Louis* DE LORRAINE, prince DE LAMBESC. Pour occuper ce
poste de confiance et remplir ces fonctions honorifiques dans
la maison ducale et princière de Lorraine, il fallait sans doute
que *Robert* JARDEL appartînt à une ancienne famille d'origine
noble. Nous voyons en effet, dans un acte de mariage du
22 août 1742, où il figure comme témoin, qu'outre le titre de
capitaine des chasses du comte de Braine et de la baronie de
Pont-Arcy, il prend encore celui de seigneur de Monthiers,
Rouverches, Clignon et autres lieux (1). Dans un autre acte
du 8 avril 1710, nous lisons que « est morte à Braine *Margue-*
» *rite-Barbe* JARDEL, âgée de neuf mois, fille de *Nicolas* JARDEL,
» garde du parc de Braine (2). » On peut naturellement présumer que ce *Nicolas* JARDEL était frère de *Robert*, et par
conséquent oncle de celui qui va nous occuper. Enfin, nous
voyons dans le *Terrier du comté d'Egmont*, conservé aux archives de l'Aisne, que M. Jardel fit la déclaration de ses biens,
» tant en son nom, comme héritier *par moitié* du sieur *Claude*
» JARDEL, capitaine des chasses du comté de Braine, et de
» demoiselle *Magdeleine* FONTAINE, ses père et mère, que se
» faisant et portant fort de demoiselle *Mariane* JARDEL, sa
» sœur, fille majeure, demeurant à Braine, etc. (3). » Il suit
de là que JARDEL père avait eu deux enfants de son mariage
avec *Magdeleine* FONTAINE, et, si nous ajoutons à sa parenté
Nicolas JARDEL, son frère, et *Marguerite-Barbe* JARDEL, sa nièce,
nous serons autorisés à conclure que sa famille était origi-
naire de Braine ou du moins depuis longtemps établie dans la
ville (4). Nous savons d'ailleurs qu'il était presque le seul à

(1) *Actes de l'état civil*, aux archives communales de Braine.
(2)   *Ibid.*
(3) *Terrier du comté d'Egmont*, aux archives de l'Aisne.
(4) Dans les titres de St-Yved de Braine, nous trouvons, à la date du
7 décembre 1506, un bail à surcens passé devant Jardel, notaire à Villers-
en-Prayères, par les religieux, abbé et couvent de l'abbaye de St-Yved de
Braine, à Jean Pottier le jeune, tanneur à Braine.

Braine qui fût admis à la table du comte d'Egmont, lorsque celui-ci devint, en 1779, comte de Braine. D'après ses alliances honorables et le rang distingué qu'elle occupait dans le pays, nous devons donc admettre que sa famille jouissait d'une honnête aisance qui lui permit de donner au jeune *Claude-Robert* JARDEL une éducation brillante, une instruction solide et variée, qu'il étendit plus tard encore en se livrant à des études profondes sur l'histoire, les sciences et la littérature.

Malgré de nombreuses et patientes recherches, il nous a été impossible de retrouver la date de son mariage. Nous savons seulement que sa femme, *Marie-Marguerite* CHARLIER, fille de *Robert* CHARLIER, était née à Braine le 26 février 1732 (1), ce qui nous conduit à placer son mariage vers l'année 1750 au plus tôt. A cette époque, le comté de Braine, que nous avons vu entrer en 1709 dans la maison de Lorraine, avait passé depuis dix ans (1740), par suite d'arrangements de famille, à la sœur de la duchesse de Duras, à *Henriette-Julie* DE DURFORT, dame du palais de la reine, mariée en 1717 au comte d'Egmont, dont elle avait eu en 1727 un fils qui devint comte de Braine en 1779, à la mort de sa mère, et qui, après avoir présidé en 1789 l'assemblée provinciale du Soissonnais, quitta la France lors de la révolution. Il est donc probable que Jardel père cessa en 1740 ses fonctions de maître d'hôtel de la duchesse de Duras, et c'est par ce motif sans doute que l'acte de 1742, mentionné plus haut, lui donne seulement le titre de capitaine des chasses du comte de Braine. Son fils, âgé de vingt ans à peine, n'avait pas encore entrepris la belle collection et les nombreuses recherches historiques qui le mirent en rapport avec la plupart des érudits de son temps, et qui sauvèrent son nom de l'oubli. Cependant, nous savons qu'il la commença de bonne heure, et nous avons là une nouvelle preuve de la solidité de son instruction et de la maturité de son esprit. Une note publiée par lui en 1773, avec le catalogue de sa

---

(1) *Actes de l'état civil*, aux archives communales de Braine.

bibliothèque, nous fait voir que, dès l'année 1745, époque à laquelle il faudrait peut-être placer la mort de son père et l'éveil de son goût pour la bibliographie, il entreprit de rassembler les matériaux de son beau cabinet d'antiquités, de manuscrits et de livres rares. Dans cette note qu'on lira plus loin, il déplore en effet avec amertume « *heu! dolor!* » la nécessité où il se trouve de renoncer au fruit de *vingt-huit années* de soins et de recherches.

On était alors dans toute la ferveur de ce qu'on pourrait appeler la renaissance des travaux archéologiques, et l'Académie de Soissons, qui venait de réveiller avec éclat le goût de ces études historiques, fixait, depuis quelques années, l'attention du monde savant. Elle avait été fondée, un siècle auparavant, en 1648, presque en même temps que l'Académie française dont elle était l'*associée ou la fille aînée*, par quatre jeunes Soissonnais : MM. Julien d'Héricourt, conseiller au présidial, Charles Bertherand, bailli du comté, Jean-Baptiste Guérin, avocat du roi, et Etienne Morand, officier de l'élection. Ils s'étaient connus et liés d'amitié pendant leurs études à Paris et, de retour dans leur ville natale, ils se réunissaient à jours fixes pour se faire part mutuellement de leurs lectures, ou de leurs goûts et de leurs espérances littéraires. En 1653, Pierre Parat, capitaine de cavalerie, et l'abbé Arnould étaient venus se joindre à la compagnie naissante, qui fut constituée plus tard par lettres-patentes de Louis XIV, données au camp de Dôle, en 1674, et enregistrées au parlement de Paris le 27 juin 1675. Mais ses travaux n'avaient encore eu aucun éclat, lorsque le nouvel évêque de Soissons, Charles-François Lefebvre de Laubrière, fonda, en 1734, pour des sujets de littérature ou d'érudition, un prix qui fut disputé par les plus célèbres historiens de l'époque, et qui plaça bientôt l'Académie de Soissons au premier rang des sociétés savantes. Au moment où Jardel achevait ses études, on entrait donc dans cette période d'actives et patientes recherches qui ne se sont point encore ralenties de nos jours. Pour s'en convaincre et se faire une idée de l'ardeur avec laquelle on se livrait alors à ces nouvelles investigations du passé, il suffit de jeter les yeux sur le programme des prix proposés aux efforts des antiquaires :

1734. — « Quel étoit l'état des anciens habitans du pays » Soissonnois avant la conquête des Gaules par les Francs ? » Le mémoire de l'abbé Lebeuf, couronné l'année suivante, 1735, est encore recherché et consulté par les historiens.

1735. — « Quelle est la véritable époque de l'établissement » fixe des Francs dans les Gaules, etc. ? »

1742. — « La conquête de la Bourgogne, entreprise en 532 » par Childebert et Clotaire, fut-elle achevée dans la même » année, etc. ? » — M. Tenel, chanoine de Sens, et M. Gouye de Longuemarre furent couronnés l'année suivante.

1743. — « De quelles villes étoit composé le royaume de » Soissons sous Chilpéric, etc. ? » — C'est l'abbé Carlier, plus tard auteur de l'*Histoire du duché de Valois*, qui obtint le prix.

1745. — « Fixer la chronologie des rois mérovingiens de- » puis la mort de Dagobert Ier jusqu'au sacre de Pépin ? » — M. Gouye de Longuemarre, greffier au bailliage de Versailles, fut couronné.

1746. — « L'inutilité de la dispute pour ramener les hommes » à l'unité d'opinion ? » — Ce prix d'éloquence fut décerné à M. Gauthier, chanoine régulier de la congrégation de Notre-Seigneur.

1747. — « Un auteur doit-il toujours se conformer au goût » du siècle dans lequel il écrit ? » — M. l'abbé Bellet fut couronné.

1748. — « Quelle a été la suite des évêques de Soissons de- » puis le commencement du Ve siècle jusqu'à l'an 754, etc. ? »

1749. — « Quelles peuvent être, dans tous les temps, les » causes de la décadence du goût dans les sciences et dans » les arts ? »

1750. — « Comment et par qui étoit gouverné le Soisson- » nois sous la seconde race, etc. (1) ? »

(1) Delandine, *Couronnes académiques*, 1787, 2 vol. in-8°, p. 116 et suiv.

A mesure qu'on avance vers la fin du siècle, les questions historiques deviennent plus rares, moins précises ; elles sont bientôt négligées, non-seulement à l'Académie de Soissons, mais par les nombreuses sociétés littéraires disséminées sur tous les points de la France ; enfin elles disparaissent pour faire place aux questions économiques et sociales, aux projets de réformes et de constitutions, remplacées à leur tour par l'adoration de l'homme et le culte de la Raison, sous la forme encore vivante aujourd'hui de l'éloge ou de la biographie apologétique des célébrités locales, genre excellent lorsqu'il est traité avec la réserve qu'il commande. Mais en 1740, ainsi que nous venons de le voir, les recherches historiques occupaient presque exclusivement l'Académie de Soissons, et faisaient naître chez Jardel les premiers élans du zèle qu'il porta plus tard dans l'étude et la conservation des monuments de l'antiquité.

Deux faits nous attestent la haute importance de la ville de Soissons à cette époque et peuvent faire juger de l'activité intellectuelle qui devait y régner. Le premier est la maladie du roi en 1744 : son retour à la santé fut pour Soissons l'occasion de réjouissances publiques qui restèrent longtemps fameuses. Le second fut, dix ans plus tard, en 1753, l'exil dans cette cité de la grand'chambre du parlement de Paris, lorsqu'elle s'opposa à l'enregistrement des lettres-patentes qui lui interdisaient de se mêler de poursuites pour refus de sacrements. Si à cela nous ajoutons les disputes théologiques au sujet du molinisme et de la bulle *Unigenitus*, qui étaient alors dans toute leur vivacité et que Monseigneur de Fitz-James, sacré en 1738, mort en 1764, malgré la part active qu'il y prit, légua à son successeur, Mgr de Bourdeilles, nous nous ferons aisément une idée du mouvement extraordinaire qui régnait dans les esprits et au milieu duquel Jardel se développait. Nous en trouvons une nouvelle preuve dans le legs que l'abbé de Pomponne fit de sa bibliothèque à l'Académie de Soissons en 1756. Ce legs redoubla sans doute le zèle de Jardel pour sa belle collection de manuscrits, de livres, de médailles et de curiosités, à laquelle il consacra sa fortune et sa vie, et qui fut si malheureusement dispersée après sa mort.

C'est probablement vers cette époque que, dans le but de se livrer plus facilement à son goût pour l'étude, il acquit ou sollicita la charge de *maître-queux* dans la maison du roi. Cette charge ne réclamait sa présence à Versailles que pendant trois mois de l'année, et la nouvelle comtesse de Braine, dame du palais de la reine, l'aida probablement à l'obtenir. En effet, dès l'année 1764, il paraît avec le titre d'officier chez le roi, qu'il portait déjà depuis quelques années, selon toute vraisemblance, et sous lequel il figure encore dans l'almanach de Versailles de 1778. On lit dans la préface de la seconde édition de la *Bibliothèque historique* du P. Lelong, par Fevret de Fontette : « Le projet de refondre ce grand ouvrage fut commu-
» niqué en 1764 à toutes les Académies et sociétés littéraires
» du Royaume. Les sçavans des différentes Provinces, ainsi
» invités à concourir à la perfection de l'ouvrage, le furent
» encore d'une manière authentique et plus pressante par
» M. le Contrôleur général (M. de Laverdy). Ce magistrat,
» déjà si distingué dans son premier état (de Conseiller au
» Parlement), d'où ses vertus et ses talens l'ont conduit au
» ministère, a fait passer ses ordres à MM. les Intendans des
» Provinces, avec un mémoire détaillé, pour faire faire les
» recherches nécessaires, chacun dans son Département. Plu-
» sieurs d'entre eux ont adressé des Notices qui ont été insérées
» dans cette nouvelle Edition, et même des morceaux entiers
» dont on a publié, en 1766, un recueil en deux volumes in-12,
» sous le titre de : *Nouvelles Recherches sur la France* (1). »

Si nous ouvrons en effet ce recueil, nous y lisons, dans l'*avertissement*, le passage à peu près textuel que nous venons de rapporter et suivi de ces mots : « Parmi les nombreux
» mémoires que ces demandes procurèrent, il s'en trouva qui
» ne pouvoient point servir à l'ouvrage pour lequel ils avoient

(1) *Bibliothèque historique de la France*, par Jacques Lelong. Nouvelle édition donnée par Fevret de Fontette, 1778, 5 vol in-fº. Préface, p. VIII.

» été envoyés..... Au lieu de titres d'ouvrages et de notes bi-
» bliographiques qu'on avoit demandés, les savants de ces
» endroits envoyèrent des notices sur les lieux où ils demeu-
» roient (1). » Enfin, à la page 134 de ce recueil dont les
matériaux, comme on vient de le voir, avaient été rassemblés dès l'année 1764, on trouve le nom de M. Jardel, *officier
chez le roi*, auteur d'une lettre intéressante, que nous donnons
plus loin, *sur les Antiquités* de la ville de Braine.

Mais voici un renseignement plus précis encore. Dom Carlier, dans son *Histoire du duché de Valois* qui parut en 1764 et
dont le manuscrit fut terminé dès l'année 1761, comme on le
voit par la date du privilège, reconnaît « qu'il a reçu des ser-
» vices importans de M. Jardel, *officier chez le roi*, et résidant
» ordinairement à Braine (2). » En attendant qu'un document
positif fasse cesser toute incertitude à ce sujet, nous croyons
donc ne pas nous écarter beaucoup de la vérité en plaçant
l'entrée de Jardel chez le roi entre les années 1750 et 1760,
sans doute en même temps que son mariage. Mais quel genre
d'office y remplissait-il? C'est ce que nous n'avons pas découvert sans peine, et ce que nous allons dire en peu de mots.
L'*Almanach royal*, que nous avons inutilement compulsé de
1750 à 1780, ne donne que les noms des principaux dignitaires
de la cour.

Le service de la table du roi, dont faisaient partie les maîtres-queux, comprenait d'abord une charge de grand-maître
qui réglait toute la dépense de l'année, avait juridiction sur
les sept offices dont nous parlerons tout à l'heure, et était
remplie héréditairement par LOUIS-JOSEPH DE BOURBON, prince
de Condé. Il existait ensuite : une charge de premier maître
d'hôtel, remplie en 1749 par M. Paul SANGUIN, seigneur et
marquis DE LIVRY, en survivance de son père; douze
charges de maîtres d'hôtel, qui servaient trois par quartier,

(1) *Nouvelles Recherches sur la France*, 1766, 2 vol. in-12. Avertissement,
p. VIII et IX.

(2) Dom Carlier, *Histoire du duché de Valois*, 1764, t. I, p. 22.

et trente-six de gentilshommes servants, dont douze panetiers, douze échansons et douze écuyers tranchants.

Les sept offices de la maison du roi, chargés de pourvoir à l'approvisionnement de la table, se divisaient de la manière suivante :

I. GOBELET DU ROI, subdivisé en : 1° *Paneterie-bouche*, comprenant l'officier panetier ayant charge du pain, linge et fruit : douze sommeliers, quatre aides, deux sommiers, etc. ; 2° *Echansonnerie-bouche*, comprenant l'officier échanson chargé du vin et de l'eau : douze sommeliers, quatre sommiers, quatre coureurs de vin, etc.

II. BOUCHE DU ROI ou *cuisine-bouche*, qui comprenait un contrôleur ordinaire, deux écuyers servants, quatre maîtres-queux, quatre hâteurs, quatre potagers, quatre pâtissiers-bouche et trente-cinq autres employés.

Ces deux premiers offices étaient pour le service personnel du roi et le soin de son couvert ; les cinq qui suivent, composant ce qu'on appelait le grand-commun, étaient pour les grands officiers de sa maison et se divisaient ainsi :

III. PANETERIE-COMMUN, comprenant treize sommeliers, douze aides, six sommiers, etc.

IV. ECHANSONNERIE-COMMUN, comprenant vingt sommeliers, un bouteiller, quatre sommiers, etc.

V. CUISINE-COMMUN ou *grand-commun*, comprenant un maître d'hôtel, quatre écuyers ordinaires, douze écuyers servants, huit maîtres-queux, douze hâteurs, huit potagers, quatre pâtissiers-commun et une trentaine d'employés inférieurs.

VI. FRUITERIE, comprenant un chef ordinaire, douze chefs, douze aides, etc.

VII. FOURIÈRE, qui fournit le bois, comprenant vingt chefs, quinze aides, etc.

Le *petit-commun*, établi en septembre 1664 pour le service du grand maître et du grand chambellan, comprenait aussi deux maîtres d'hôtel, quatre écuyers, deux aides et huit ou dix autres employés (1).

(1) *Etat de la France*, 1749, 4 vol. in-12, t. I, passim.

Les officiers de la chambre du roi, ceux pour les bâtiments et logements des maisons royales, formaient deux autres catégories non moins nombreuses, qui, avec le clergé de la cour, les officiers et aumôniers de la chapelle, ayant préséance sur tous les autres, composaient l'état général de la maison du roi.

C'est parmi ces innombrables offices, et après les plus longues, les plus persévérantes recherches que nous avons trouvé dans l'almanach de Versailles de 1764, le plus ancien que possède la bibliothèque impériale de Paris, le nom de M. Jardel, qu'on y voit encore figurer jusqu'en 1780, comme remplissant les fonctions de maître-queux, lequel, dit l'*Etat de France*, « venoit après l'Ecuyer et avoit Charge des Entrées (1). » Jardel était de service dans ce qu'on appelait le grand-commun, pour le deuxième quartier, qui comprenait probablement les mois d'avril, mai et juin. Mais à dater de 1781, la maison du roi paraît avoir subi de notables réformes et de grandes simplifications. Le nombre des offices est considérablement diminué ; les divisions que nous avons indiquées plus haut disparaissent presque toutes ; les maîtres-queux n'y figurent plus ou sont désignés sous d'autres titres, et le nom de Jardel cesse d'être mentionné. Ces modestes, mais honorables fonctions n'étaient sans doute pour lui qu'une sorte de sinécure ou de prébende laïque, qui lui donnait neuf mois de liberté sur douze et lui procura l'occasion d'entrer en relations d'études et d'amitié avec Jacques Lemoine, écuyer et porte-manteau du roi (2), auteur d'un livre estimé *sur les*

(1) *Etat de la France*, t. I, p. 193. — « Les quatre maîtres-queux, anciennement appelés *magister coquus* ou *princeps coquorum*, chacun 600 livres ; (p. 187).

(2) La chambre du roi comprenait : une charge de grand chambellan, occupée par Charles Godefroi de la Tour d'Auvergne, duc de Bouillon, etc. ; quatre de premiers gentilshommes (les ducs de Gesvres, d'Aumont, de Fleury et de Richelieu) ; vingt-quatre pages, trois huissiers d'antichambre ; quatre premiers valets de chambre, seize huissiers de la chambre, trente-deux valets de chambre ordinaires, un porte-manteau ordinaire et douze porte-manteaux, deux porte-arquebuses, barbiers, huit tapissiers, horlogers, etc., etc.

Antiquités de la ville de Soissons. Ces deux savants, également recommandables, et tous deux plus avides de science que de célébrité, nous apprennent, par leur exemple, quels hommes estimables remplissaient les plus simples charges de la maison du roi, honorant ainsi la monarchie qui les honorait à son tour.

Grâce à l'étendue de ses lumières et à l'obligeance avec laquelle il les mettait au service des antiquaires et des savants, Jardel se trouva bientôt en rapport avec les hommes les plus recommandables de son temps. C'est ainsi qu'il envoya à Caylus une pierre égyptienne, amulette « en cornaline blanche » de Perse, trouvée près de Braine, et représentant un roi de » Perse attaqué par un animal fantastique dont la tête cornue » est humaine, et dont le corps, qui ressemble absolument à » celui d'un lion, a des ailes. Cette composition est celle qui » se trouve le plus répétée sur les bas-reliefs de Persépolis. » On peut voir aujourd'hui au Louvre cette pierre qui est décrite dans le t. IV des *Antiquités* de Caylus, pl. 21. Sans vouloir ni établir de rapprochement ni proposer d'explication chimérique, nous ne pouvons nous défendre de nous rappeler à ce propos la chanson de Vopiscus.

On a déjà vu qu'en réponse à l'invitation pressante du contrôleur général de Laverdy, Jardel écrivit sur la ville de Braine une notice qui occupe les pages 134-143 du t. Ier des *Nouvelles Recherches sur la France.* Nous la reproduirons en terminant et nous ferons remarquer, outre la critique de l'abbé Lebeuf et de l'abbé Carlier, son copiste, au sujet de *Brennacum,* la mention qu'il fait des écrivains de Prémontré et de deux volumes de Jean de Livac qu'il avait dans sa bibliothèque. Cette lettre, du 30 juillet 1765, nous apprend aussi que, la même année, en creusant les fondations d'une maison qu'il faisait bâtir à Braine, on trouva neuf médailles romaines qui prirent place dans la collection assez considérable de celles qu'il avait déjà recueillies dans les environs. Le style de Jardel, simple, naturel, précis, est celui d'un homme qui écrit avec facilité et qui possède à fond les sujets qu'il traite. La critique qu'il fit de l'abbé Carlier est modeste et de bon goût, sans aigreur, sans partialité ; elle dénote un esprit élevé, un homme avec qui les rapports devaient être pleins d'agrément. Aussi, l'historien du duché de Valois lui rend-il pleinement justice quand il dit dans sa préface : « Des vues patriotiques, de la sagacité dans le choix des matières et une critique éclairée caractérisent les recherches que M. Jardel a bien voulu nous faire passer. Il nous a fait part des manuscrits de sa bibliothèque et de ses découvertes sur l'histoire naturelle et sur les productions du canton, sur le commerce et sur la navigation de la rivière de Vesle. Il a eu la complaisance de suppléer par ses voyages et par de nouvelles perquisitions aux renseignements qui nous manquaient à l'égard de différents articles sur lesquels nous n'avions pu acquérir toutes les connoissances qui nous étoient nécessaires (1). »

Cet éloge, dans la bouche d'un homme qui ne partageait pas les vues de Jardel au sujet de Braine, ne saurait être suspecté d'indulgence. Nous y voyons que ce dernier mettait au service de l'abbé Carlier ses manuscrits, ses collections, ses travaux, et suppléait par des voyages et de nouvelles recherches aux incertitudes de l'histoire. Son obligeance égalait ses lumières ; aussi nous plaisons-nous à relever ici la modestie de ce savant. En trouverait-on beaucoup qui feraient preuve aujourd'hui d'un semblable désintéressement ?

Aux connaissances de l'historien et de l'antiquaire, Jardel joignait, ainsi que nous l'apprend l'abbé Carlier, le goût et l'étude de l'histoire naturelle, et les services qu'il rendit à cette science ne sont pas moins dignes d'éloges. Lemoyne, qui était sans aucun doute en état de les apprécier, nous en donne le témoignage suivant : « Ce que je dis sur l'histoire naturelle » du Soissonnois *n'est que l'abrégé* de ce qu'a écrit sur cet » article M. Jardel, officier de la maison du roi, patriote » zélé, savant antiquaire, critique judicieux, également connu » par l'étendue de ses lumières et par la facilité avec laquelle

(1) Carlier, *Histoire du duché de Valois*, t. I. Préface, p. 22.

» il veut bien les communiquer (1). » Lemoyne s'accorde donc avec Carlier pour louer les lumières et la parfaite obligeance de Jardel. Les titres de patriote zélé et de critique judicieux qu'ils lui donnent, nous le désignent comme un ami véritable de la science, aussi jaloux de la gloire nationale qu'ennemi des préjugés, et qui avait peut-être embrassé avec un peu trop d'ardeur les idées du XVIIIe siècle. Sa notice sur l'histoire naturelle du Soissonnais, qu'on lira plus loin, atteste en effet un esprit ardent, éclairé, désireux d'ouvrir la voie à des études nouvelles, trop négligées de son temps. Outre sa collection de livres rares et de manuscrits qu'il communiquait avec tant d'obligeance, il avait formé un cabinet de numismatique et de curiosités. Duflot, chanoine prémontré de St-Yved de Braine, auteur d'une histoire manuscrite composée un an avant la révolution, en parle en ces termes :

« Braine possède encore aujourd'hui un homme instruit,
» M. Claude-Robert Jardel, *ancien* officier du roi, natif de
» Braine, qui a formé un beau cabinet d'histoire naturelle de
» pétrifications du pays, de médailles de bronze, de fer, de
» cuivre, d'argent et d'or qu'il a trouvées ou fait chercher
» dans les environs. La collection est précieuse pour un parti-
» culier et fait honneur au pays; il joint à ce cabinet une fort
» belle bibliothèque où l'on trouve des livres très-rares et
» très-curieux. Il a aussi un beau porte-feuille en estampes,
» gravures, etc., et de fort beaux tableaux. Il a donné différents
» morceaux de littérature, insérés dans les Mémoires de l'Aca-
» démie et dans les journaux des savants (2). »

A l'époque où Duflot composait son histoire, Jardel n'é-tait donc plus officier chez le roi, mais il nous serait difficile de préciser à quelle date il résigna ses fonctions. En reproduisant ces attestations honorables de savants qui l'avaient connu, consulté, et qui conservaient sans doute des rapports avec lui, nous n'avons d'autre but que de prouver la variété de ses

(1) Lemoyne, *Histoire des Antiquités de la ville de Soissons;* avertissement, p. XIII.

(2) Duflot, *Histoire de Braine*, ms. écrit vers 1788.

connaissances et la richesse de ses collections. On verra bientôt les nombreux sacrifices qu'il eut à s'imposer pour conserver ses trésors archéologiques.

« Jardel (Claude-Robert), officier de la maison du Roi, dit
» Devisme. — On doit à cet antiquaire plusieurs ouvrages in-
» téressans pour le pays, notamment la description des tom-
» beaux de l'église de Braine, des recherches sur les anti-
» quités de Braine et de Fère, qu'il publia en 1766, et des
» remarques sur la ville de Braine, insérées dans les *Nouvelles*
» *recherches sur la France*. Mort, âgé de 79 (lisez 66) ans,
» en 1788 (1). »

Enfin, M. Henri Martin qui, en écrivant son *Histoire de Soissons*, a dû, comme nous, sentir vivement la perte des matériaux rassemblés par Jardel, lui rend hommage à son tour. « M. Jardel, de Braine, dit-il, qui avait aidé de ses notes et de sa bibliothèque l'écuyer Lemoyne, était à cette époque en relation avec les Académies des provinces du nord; mais les renseignements qu'il leur procurait sur les antiquités et la géologie du Soissonnais s'éparpillèrent comme ses livres et ses manuscrits (2). »

Tels sont les témoignages que nous avons recueillis sur notre honorable et modeste compatriote. Outre sa lettre sur la ville de Braine et sa notice sur l'histoire naturelle du Soissonnais, il avait rédigé un mémoire pour prouver l'identité de Brennacum et de Braine, et on lui doit divers autres travaux restés manuscrits et mentionnés dans la *Bibliothèque historique de la France*.

Nous le trouvons, en 1773, préoccupé du fâcheux état de sa santé et de l'embarras de ses affaires. Cherchant à se défaire de sa bibliothèque, il rédigea à la hâte le catalogue des manuscrits les plus précieux et des livres les plus rares qui la composaient, et il le fit suivre de cette note qu'on ne saurait lire sans une douloureuse émotion :

(1) Devisme, *Manuel historique du département de l'Aisne*, in-8°, p. 284.
(2) H. Martin et P.-L. Jacob, *Histoire de Soissons*, 2 vol. in-8°, 1837, t. I. p. 642.

« Le temps , ma santé et les tristes et pressantes circons-
» tances ne me permettent pas d'ajouter à cet essai de cata-
» logue un grand nombre d'autres ouvrages choisis et curieux
» qui forment le cabinet en question, qui peut contenir, au
» moins, quatre à cinq mille volumes. On y trouvera aussi
» l'*Encyclopédie*, première édition complette, en 27 vol.,
» lettres et planches. Tous les livres sont bien conditionnés,
» belles éditions, un grand nombre d'Elzévirs, Robert Etienne,
» Plantin, etc., beaucoup reliés en maroquin ; en un mot, un
» cabinet fait avec goût, avec choix, avec soin, et digne d'un
» amateur qui, sans peine, sans soins ni recherche, peut se
» procurer tout d'un coup une collection distinguée de tout ce
» qui peut flatter ses désirs. C'est l'ouvrage *(heu ! dolor !)* de
» vingt-huit années de soins et de recherches (1). »

C'est ainsi que cet homme de bien se voyait obligé « *heu !
dolor !* » d'abandonner le fruit de vingt-huit années de soins et
de recherches. La maladie rend inquiet. Cette nécessité pénible
qu'il accuse, faut-il l'attribuer au mauvais état de sa santé ou
aux charges croissantes de sa famille ? Jardel avait une fille
(*Marie-Alexandrine* JARDEL) dont l'éducation devait alors di-
minuer ses ressources et qui ne paraît pas lui avoir donné dans
la suite beaucoup de satisfaction. Elle épousa plus tard
Antoine - René - Abel-Marie BEFFROY, capitaine de gendar-
merie à Auxerre. En terminant son catalogue, Jardel revient encore une fois sur le temps qui lui manque et sa santé
qui l'abandonne :

« Il y a encore d'autres manuscrits; mais ni le temps ni la
» santé du propriétaire ne lui permettent point d'étendre cette
» notice davantage, non plus que d'entrer dans le détail de
» trois autres parties qui composent ce cabinet, savoir : dans
» une collection de physique, composée de coquillages, de
» fossiles, de cailloux riches et variés , de différentes agathes
» avec accidens et autres, de pierres rares, de mines et
» minéraux, de madrepores, coraux, plantes marines, pas en

(1) Jardel, catalogue de 1773, p. 89.

» grande quantité, mais suffisants pour satisfaire la curiosité
» par leur choix et leur variété distinguée ; quelques oiseaux
» et animaux d'Amérique ; plus une collection d'antiques en
» bronze, en terre cuite, en yvoire, quelques vases, etc.,
» peu, mais curieux ; un nombre de médailles de deux à trois
» mille environ, à ce que je crois, dont une trentaine en or,
» y compris des monnoies de nos Rois de la troisième race ;
» trois ou quatre cents médailles d'argent. Toutes ces médailles
» ne font point de suites, plusieurs sont doubles, en grand,
» moyen et petit bronze. Il y a aussi plusieurs médaillons ; on
» y trouve plusieurs revers rares, plusieurs sceaux très-
» anciens et curieux en bronze ; beaucoup de monnoies de
» la monarchie en argent, en cuivre, etc., dont quelques-unes
» de Charlemagne, de Louis-le-Débonnaire et autres, même
» d'évêques et d'abbés ; quelques monnoies des Indes en argent;
» plusieurs grands et beaux médaillons de personnes célèbres,
» etc. ; quelques pierres gravées antiques, sur cornalines,
» agathes, onix, etc.

» Une collection d'estampes choisies, dont plusieurs des
» plus grands maîtres de France, d'Italie, de Flandres, etc,
» dont le cabinet de M. de Crozat, deux vol. in fol.; les chasses
» de l'empereur Maximilien, magnifiques épreuves d'un ou-
» vrage très-rare et très-cher ; plusieurs autres recueils et
» porte-feuilles remplis de morceaux, de têtes, de sujets
» distingués, dont quelques-uns sont peu communs et même
» peu connus. Enfin, les quatre parties qui forment le cabinet
» sont, on le répète et on ose l'assurer, dignes de satisfaire le
» goût, la curiosité et les désirs d'un amateur, d'un connais-
» seur qui voudra jouir tout d'un coup du fruit d'un travail
» long, coûteux, disgracieux et difficile à satisfaire.

» A l'égard des livres, on peut et on ose assurer que ceux
» dont on ne parle pas et qui composent le total, ne font aucun
» tort aux autres et sont dignes de les accompagner sans les
» déparer (1). »

(1) Jardel, Catalogue de 1773, p. 89.

Cinq ans plus tard, le 7 juillet 1778, une lettre autographe, que nous sommes heureux de posséder, nous montre Jardel toujours préoccupé du désir ou du besoin de vendre sa biblio-thèque. C'est à l'abbé Mercier, de Saint-Léger, le savant biblio-graphe du XVIII° siècle, dont il venait de recevoir la visite, qu'il écrit :

« Braine, 7 juillet 1778.

» M. Thorin vient de m'écrire, Monsieur, que vous désiriez
» que je vous *communicasse* les différentes pièces originales
» de Piron que je possède. Je me proposais bien de les donner
» en forme de supplément au public, qui, je crois, les aurait
» bien reçues. Mais elles y paroîtroient avec plus d'avantage
» de votre main, et vous êtes en état et à portée d'y joindre
» des remarques s'il est nécessaire. Parmi ces originaux, vous
» verrez si la Cage de Livry, la Poupée à M. de Maurepas, le
« Placet à M. d'Angervilliers, l'Ours et l'Hermine ont paru
» imprimés. Je n'en sais rien. Mais vous trouverez deux lettres
» sur Voltaire qui ne sont point tendres et qui pourroient em-
» bellir et fournir de bonnes anecdotes pour son éloge funèbre.
» Vous y verrez aussi une lettre d'un Dindon, où les jésuites ne
» sont pas mal ajustés. En tout Piron y fait bien connoître son
» génie et son stile. Vous pouvez, Monsieur, assurer le public
» que je tiens le tout d'un ami de Piron, que ce sont des ori-
» ginaux écrits de sa main et que je les conserve dans ma
» bibliothèque, ainsi que l'original de la Métromanie dont vous
» pourriez donner aussi sept vers qu'il a écrits au bas de son
» ms. et que je ne crois pas imprimés. Je vous les enverrai si
» vous le souhaitez. Il y a en tout vingt morceaux cottés 1-20.
» Je vous supplie de vouloir bien en avoir soin.

» C'est à M. Imbert, à l'hôtel des Fermes, que j'ai annoncé
» que vous aviez bien voulu vous charger de mes quatre mss.
» pour les lui faire remettre, et il ne m'en a pas accusé récep-
» tion, quoique je l'en eusse prié. J'en suis étonné, et M. Thorin
» me marque qu'il ne vous en a rien dit non plus. Cela n'est
» pas honnête. Si le hasard vous fournit quelqu'occasion pour
» ce que j'ai l'honneur de vous dire de mon cabinet, je vous

» en aurais grande obligation. Je crains toujours les accidens
» d'un moment à l'autre, joints à des circonstances fâcheuses.
» Vous pouvez, Monsieur, en parler avec connoissance.

» Je suis avec les sentimens les plus respectueux,

» Monsieur,

» Votre très-humble et très-obéissant serviteur,

» JARDEL. »

L'abbé Mercier a écrit de sa main en tête de cette lettre les
lignes suivantes : « J'ai rendu les 20 pièces de Piron à M. Jardel.
» J'en ai publié une en vers dans l'*Esprit des Journaux*, jan-
» vier 1779, page 284. Trois lettres en prose et un conte en
» vers paroîtront dans le même journal : les autres pièces ont
» été publiées ou ne méritent pas la peine de l'être. »

Nous trouvons encore une note de l'abbé Mercier ainsi
conçue :

« Chez M. Jardel, à Braine, il y a plusieurs mss. originaux
» du poète Piron, et plusieurs lettres originales écrites de
» Hollande en 1739 et en 1749 au feu Mis de Livri et autres. Il
» est fâcheux que l'éditeur des œuvres de Piron n'ait pas connu
» ces pièces que M. Jardel tient d'un ami particulier du Mis.

» J'y ai vu entre autres mss. curieux la Métromanie écrite
» de la main de l'auteur (très-belle). A la fin du ms. on lit ces
» vers :

» Je fis cet ouvrage à Livry,
» A ce beau lieu j'en dois l'hommage.
» Il m'inspira ce badinage
» Dont tant d'honnêtes gens ont ry.
» Et pour en dire davantage,
» C'est un beau lieu, des cieux chéry,
» C'est Livry qui fit cet ouvrage. »

L'année suivante, le 17 mars 1779, dans une nouvelle lettre
à l'abbé de Saint-Léger dont nous possédons aussi l'original,
Jardel revient encore sur les espérances qu'il a de vendre
sa bibliothèque enrichie de nouveaux manuscrits ou livres
rares, afin d'éteindre une rente de 940 livres qui le met, dit-il,

fort mal à son aise et l'empêche de profiter des bonnes occasions que lui procuraient ses connaissances bibliographiques. Nous voyons aussi que l'abbé de Saint-Léger lui avait emprunté les originaux des lettres de J.-B. Rousseau qu'il avait dans sa collection pour les publier dans l'*Esprit des Journaux*. Voici cette lettre :

« Braine, 17 mars 1779.

« Je viens, Monsieur, de trouver au retour d'un voyage de
» quinze jours, le paquet des originaux des lettres de J.-B.
» Rousseau que vous m'avez renvoyées. Côme je ne vois pas
» l'*Esprit des Journaux*, je ne peux rien dire de celles que vous
» y avez fait insérer. J'aurois été bien charmé du plaisir de
» vous voir ici si votre tems vous l'eût permis, et au cas où je
» puisse avoir ce bonheur, ayez la bonté de me marquer le
» jour, pour que je me trouve chez moi, parce qu'il m'arrive
» d'aller quelquefois passer la journée dans notre voisinage.
» Vous vérifieriez à votre aise dans mon cabinet les objets
» dont vous me parlez, car je me ferai toujours un vrai plai-
» sir de vous les communiquer si vous m'en procurez les
» moyens.

» Le livre des *Septem Apparitores* n'est pas ce que vous
» pensez. L'auteur est un certain F. Thomas de Barba, *ordinis*
» *fratrum predicatorum*, qui dédie son ouvrage à *F. Joanni à*
» *Taleto, ordinis professori*, par une courte dédicace dattée de
» *cellula nostra apud prelicatores parrhisii an. 1521, ad idus*
» *feb.*

» Le *Pèlerinage de l'Ame* écrit par D. de Sacy en 1435, est
» positivement de Guill. de Guilleville, quoique Sacy ne le
» dise pas tout à fait. Voici le titre du prologue :

» C'est le prologue du compositeur en prose du *Pèlerinage*
» de l'Ame en ensievant *(sic)* le livre d'iceluy *Pèlerinage* fait
» en rime par Damp Guille, prieur de Chaalis.

» On me donne toujours des espérances pour mon cabinet,
» et comme la partie des MSS. est assez prétieuse, car j'en ai
» encore quelques-uns qui ne sont pas compris dans le cata-
» logue, je crois, Monsieur, que cet objet ajoutera un prix

» considérable à la partie des livres, dans laquelle vous savez
» qu'il y en a de très-rares. Il vient encore de me tomber la
» *Nef des fols du monde*, traduite, édition fort rare de 1497,
» très-belle et bien conservée, ainsi que : *Observations de*
» *plusieurs singularités trouvées en Grèce, Asie, Judée, etc.,*
» par P. Beton, fig. enluminées ; le *Decameron* de Boccace en
» italien, d'Elzevir, etc. Je sais très-bien, Monsieur, tout ce
» que vous me faites l'honneur de me dire. Sans doute je suis
» pressé de jouir, mais ce que je voudrais ce serait d'éteindre
» 940 livres de rente que je fais et qui me mettent fort mal à
» mon aise. Si je pouvais me faire ce revenu en attendant que
» je puisse me défaire du reste de mon cabinet, je serois tran-
» quille et heureux, et je ne me verrois pas souvent obligé de
» renvoyer des hazards curieux faute d'argent pour les achep-
» ter. Un homme riche et curieux peut seul opérer ce bienfait.
» D'ailleurs il seroit difficile de trouver une pareille collection.
» Je n'ai plus de catalogue de mon cabinet. Mais j'écrirai pour
» savoir s'il y en a, et je vous en ferai passer un. Au reste je
» m'en remets à vos bontés, et suis toujours respectueusement
» le plus humble et le plus vrai de vos serviteurs.

» JARDEL. »

Nous avons vu que Paul Sanguin, marquis de Livry, avait
été premier maître d'hôtel du roi Louis XV. Est-ce à cette circonstance qu'il faut attribuer la transmission dans les mains
de M. Jardel des manuscrits de Piron mentionnés ici ?

Le catalogue qu'il publia en 1773 a pour titre : *Catalogue de*
livres rares et de manuscrits précieux, Paris, 1773, in-8° de
91 pages, sans nom de propriétaire. L'abbé Mercier, de Saint-
Léger, a ajouté de sa main sur l'exemplaire que nous possédons,
et qui paraît lui avoir appartenu, au-dessous du faux titre,
Catalogue de livres, etc. : « de M. Jardel, officier chez le roi. »

C'est à la suite du *Catalogue des livres*, qui en contient en
effet beaucoup de très-rares, que vient la note rapportée plus
haut : « Le tems, ma santé, et les tristes et pressantes cir-
» constances, etc. » Le catalogue des manuscrits vient ensuite,
et occupe les pages 79 à 89, où commence la longue note :

« Il y a encore d'autres manuscrits.... » note que nous avons donnée précédemment.

Parmi ces manuscrits, nous remarquons :

Quatre bibles sur vélin, dont l'une avait été envoyée à Rome pour servir au travail de révision et de publication ordonné par Sixte-Quint. Deux autres in-4° étaient du XIIIe siècle, et la dernière, format in-16, de la même époque, était un chef-d'œuvre d'écriture d'une finesse et d'une beauté admirables.

« Un recueil des conciles généraux, qui commence aux canons des apôtres; manusc. sur vélin de la plus haute antiquité, en caractères lombards du VIIIe ou IXe siècle.

» *Dissertatio contra Judæos judaïsantes magistri Ybti* (sic) *abbatis ecclesiæ B. Mariæ Novigentii*, in-4° sur vélin, XIIIe siècle. » L'abbé de Saint-Léger a mis en note, à la marge : « C'est pro-» bablement les trois livres *De Incarnatione, adversus Judæos*, » de GUIBERT, abbé de Nogent, dédiés à Bernard, doyen de » l'église de Soissons, et impr. pag. 264 des *Guiberti Novigen-*» *tini abbatis opera*, publiés en 1651, in-fol., par d'Achery. »

» *Chronica Adonis abreviata. — Historia Hodoardi.* (Manusc. sur vélin du XIe siècle.)

» *Petri Abehelardi contra calumnias objectionum Responsio.—Epistolæ II Alexandri P. P. ad Archiepiscopum et canonicos Remenses. — Carmina in laudem Susannæ.* (Manusc. sur vélin du XIVe siècle. Je ne crois pas qu'il y ait rien d'imprimé de ce recueil.)

» *Opera varia Senecæ philosophi.* On y trouve les lettres de Sénèque à saint Paul et les réponses de saint Paul à Sénèque, et un prologue de saint Jérôme. Il y a aussi à la fin de ce manuscrit des vers de Claudien qui ne sont, je crois, dans aucune édition de ce poëte, et qui feroient un supplément assez considérable, *In Rufinum.* (Très-beau manusc. sur vélin du XIIIe ou XIVe siècle.)

» Une histoire d'Angleterre en latin, qui commence avant J.-C. Elle est curieuse et remplie de singularités. Je l'ai fait voir à des Anglois curieux et voyageurs qui ne la connoissoient point, et qui ne la croyoient point imprimée. On trouve, à la suite, des fragmens d'histoire curieux. (Manusc. in-fol. sur vélin du XIIIe siècle.)

» Le Pèlerinage de l'Ame, manusc. in-fol. écrit en 1435 en françois par D. de Sacy, écolâtre et chanoine de S. Pie de Lille, avec des figures peintes en couleur les plus bizarres et les plus étranges qu'on puisse imaginer. Ensuite est la traduction du livre du gouvernement des rois et des princes, lequel fit Aristote au roi Alexandre » En soulignant le nom de *D. de Sacy*, l'abbé Mercier de Saint-Léger a mis en note à la marge : « Est-ce l'auteur ou le copiste du livre ? L'ouvrage est-il en » vers ou en prose ? Est-ce une traduction du latin ? Comment » l'ouvrage est-il partagé ? » (Pour Duverdier, t. III, p. 380.)

« Hist. ou mémoires de tout ce qui s'est passé en France de plus considérable sous le cardin. de Richelieu, depuis 1632, inclusivement jusques et y compris 1638. Manusc. original, in-fol. de près de 900 pages, d'une écriture fort menue et fort nette. Ouvrage précieux pour l'histoire de ce tems. J'ignore s'il est imprimé, et je ne le crois pas. » (Il existe un livre imprimé sous ce titre, mais est-ce bien le même ?)

« La vie de Madame d'Epernon, carmélite, par M. Boileau, docteur de Sorbonne, in-4°, manusc. qui contient plusieurs particularités de la cour. » (Nous ferons la même question qu'à l'article précédent.)

Tels sont quelques-uns des articles qui, dans cette collection de manuscrits, ont attiré plus particulièrement notre attention, et que nous avons cru devoir signaler pour montrer l'érudition vraiment littéraire et bibliographique de Jardel. Peut-être un jour pourra-t-on en retrouver la trace et en démontrer l'existence.

Claude-Robert Jardel mourut à Braine, le 30 octobre 1788, dans les tracas d'affaires dont il se plaignait déjà en 1773, et laissant, à regret peut-être, sa riche bibliothèque entre les mains de sa fille qui n'eut pas autant de douleur que lui à s'en défaire. Un vieillard de Braine, dont nous avons interrogé les souvenirs et qui se rappelait bien avoir vu dans sa jeunesse M. Jardel, nous a dit qu'il était mort dans de sombres et pénibles préoccupations Etait-ce le regret du passé, les soucis du présent ou les inquiétudes de l'avenir et de cette grande révolution dont on entendait déjà les premiers grondements? Peut-être tout cela à la fois. Cependant, en repassant dans sa mémoire ses travaux et les services qu'il avait rendus, en songeant qu'il léguait à la postérité l'exemple de son amour pour l'étude, de son zèle, et le souvenir d'une carrière dignement remplie, il pouvait, quoiqu'à peine âgé de soixante-six ans, se rendre l'honorable témoignage qu'il avait été utile à ses contemporains. Ce fut, en effet, l'ambition de toute sa vie; que ce soit aussi pour nous sa véritable gloire.

Sa bibliothèque ne fut définitivement dispersée et vendue qu'en 1799, ou, comme on disait alors, *le 24 frimaire an VIII*, et jours suivants. Il est à présumer qu'entre la date de sa mort, 1788, et celle de la vente, 1799, elle subit plusieurs changements et même quelques retranchements, et pourtant le catalogue offrait encore à cette époque près de 500 numéros, la plupart fort curieux. Il avait pour titre :

« *Catalogue d'une partie de livres précieux, manuscrits et imprimés, provenant de la bibliothèque de feu le citoyen* JARDEL, dont la vente se fera en la salle de vente du magasin de librairie, rue des Bons-Enfans, n°ˢ 19 et 36, en face de l'entrée de la cour des Fontaines, le 24 frimaire an VIII et jours suivants, 5 heures de relevée. — On y remarque beaucoup de très-bons manuscrits. »

Voici maintenant les titres de ceux de ces manuscrits possédés par Jardel qui figurent dans la *Bibliothèque historique* du P. Lelong, et qui concernent l'histoire du Soissonnais :

On y lit, tom. II, n° 25,306.

MS. *Histoire des comtes de Dreux et de Braine*, par Matthieu Herbelin, religieux de l'abbaye de Braine : in-fol.

Cette histoire (étoit) conservée dans la bibliothèque de M. Colbert, num. 1462 (et est aujourd'hui à la bibliothèque du roi).

MS. La même, sous le titre : *Les anciennes et modernes Généalogies, Epitaphes et Armoiries des comtes et comtesses de Dreux et de Braine*, *depuis le roi Louis-le-Gros jusqu'en 1568*, par Matthieu Herbelin, trésorier de l'église de Saint-Yved à Braine : in-fol.

Cette généalogie est conservée dans la bibliothèque de Sainte-Geneviève, à Paris.

(M. Jardel, officier du roi, demeurant à Braine, en a dans sa bibliothèque un magnifique exemplaire en vélin, coloré en or, etc. Rouleau de quatorze pieds de long, qui paraît être l'original et qui, selon le titre, fut présenté en 1567 à M. Loys de Bourbon, duc de Montpensier, par l'auteur, qui s'y est peint dans une vignette).

Sup. du tom. I, p. 224, no 451, MS.

Mémoire circonstancié pour prouver que Brennacum *ne peut convenir qu'à Braine, par sa position, d'après tous les historiens,* par M. Jardel, ancien officier du roi : *in-4o.*

(Dans la bibliothèque de l'auteur).

No 1,271.* MS. *Pouillé des bénéfices, etc., de l'archevéché de Reims.*
Ce pouillé est conservé dans la bibliothèque de M. Jardel, de Braine.

No 1,271. ** MS. *Pouillé général de tous les bénéfices, canonicats, chapelles, cures, etc., du diocèse de Soissons :* in-fol.
Ce pouillé est dans la bibliothèque de M. Jardel, à Braine.

Au tom. I, no 4,211, MS. *Poëme sur le miracle de Notre-Dame de Soissons,* par Gautier de Coincy. Il est cité par l'abbé Lebeuf comme existant à Soissons; mais à la p. 262 du supplément du tome I, on lit une note ainsi conçue :

Cet ouvrage a pour auteur, Gautier de Coincy, moine de Saint-Médard de Soissons, qui vivait au XIIe siècle. Ce n'est pas un poëme, comme l'a dit l'abbé Lebeuf, mais un recueil de diverses histoires écrites en vers. M. Jardel, de Braine, diocèse de Soissons, en conserve, dans sa bibliothèque, un ancien manuscrit, vélin, *in-fol.*, orné de lettres peintes en or et en couleurs, avec des figures et miniatures de la plus grande beauté et bien conservées......

No 5,477. * MS. *De Laudunensi Ecclesia incensa et reedificata (sub. Ludovico Grosso, circà annum 1120)* : in-fol.
Ce manuscrit, en deux feuilles de vélin, est un morceau curieux. Il est conservé dans la bibliothèque de M. Jardel, à Braine.

No 5,493. MS. Copie très-ancienne, collationnée à l'original, de la charte de fondation, faite par Agnès, comtesse de Braine, d'une Maison-Dieu, dans son château de Braine, en 1201.

— Nomination faite par Marie, comtesse de Dreux et de Braine, à la chapelle de la Maison-Dieu de Braine, de la personne d'Ade, son chapelain, en 1249.

Ces deux pièces sont dans la bibliothèque de M. Jardel, à Braine, près Soissons. Cette Maison-Dieu est maintenant le prieuré perpétuel des religieuses de Notre-Dame, Bénédictines, qui y ont été établies par Henri-Robert de la Marck, duc de Bouillon, etc., comte de Braine.

No 5,493. ✶✶ MS. Etat des revenus des pauvres de la Charité de la ville et faubourgs de Braine, fait par les Directeurs et l'administrateur de ladite Charité, en conséquence des ordres envoyés par M. l'intendant de Soissons; lequel état a été fait le 9 mars 1751 : in-fol. en 8 feuilles. (Cabinet de M. Jardel.)

No 6,262. Plusieurs titres et mémoires concernant la religion préten-due réformée.

Ils sont conservés à Braine, près Soissons, chez M. Jardel. Les principales regardent le prêche de la Ferté-sous-Jouarre; celui de Nogentel, près Château-Thierry, avec un arrêt du conseil donné à Saint-Germain-en-Laye, le 1er décembre 1681.

Sup. du tom. I, p. 355, no 13,574.

(1) MS. Inventaire des antiquités de l'église et abbayes de Saint-Yved de la ville de Braine, ordre de Prémontré, fait en 1703; par Simon Carnot, chanoine régulier, prêtre, trésorier de cette abbaye; avec un ancien catalogue des manuscrits conservés dans la bibliothèque, ainsi que des reliques du trésor, autographe : *in-4o*.

Dans la bibliothèque de M. Jardel, demeurant à Braine, et qui nous a communiqué la note de quantité de manuscrits précieux qu'il possède.

(2) MS. Fidèle récit de ce qui s'est passé dans la maison et abbaye de Prémontré de Saint-Yved de Braine, aux guerres de l'année 1650, et comme la sainte hostie qui se conserve dans cette église depuis près de cinq cents ans, a été enlevée et transportée : autographe, *in-4o*.

Ce manuscrit, fort étendu, est extrêmement curieux par le détail qu'on y trouve de tous les ravages que l'armée des Espagnols avec les Lorrains, les Wirtembergs, etc., commandés par l'archiduc et le comte Fuensaldagne, commit dans la ville de Braine et environs, pendant près d'un mois que ces troupes occupèrent le camp de Bazoches à une lieue et demie de Braine.

(3) MS. Recueil et description des monuments, sépultures, tombeaux et épitaphes des anciens comtes et comtesses de Braine, gisants dans le sanctuaire, le chœur, la nef, la chapelle des comtes et les caveaux

de l'église et abbaye des Prémontrés de la ville de Braine, par M. Jardel, officier chez le roi : *in-4o*.

Ce manuscrit est dans la bibliothèque de l'auteur. Le premier de ces tombeaux est celui d'Agnès de Champagne, dame de Braine, qui avait épousé Robert de Dreux, fils du roi Louis-le-Gros. Mais on y remarque, entre les autres, le tombeau de Marie Archambaud de Bourbon, femme de Jean Ier de Dreux. Quoique détruit en grande partie pendant les guerres civiles, on y trouve encore des preuves de sa richesse, par la suite des princes alliés à cette princesse dont les figures et les écussons se voient surmontés de pierres précieuses, autour de ce tombeau, qui est de cuivre rosette, doré magnifiquement. Sa description qui se trouve dans l'histoire du Valois, a été communiquée par M. Jardel.

Sup. tom. III, p. 478, No 34,260.

MS. Titres, privilèges et autres pièces concernant la ville de *Fismes*. Ces pièces sont conservées à Braine dans la bibliothèque de M. Jardel.

P. 481, no 34,880. * MS. Essai historique sur les antiquités de la ville de Braine, de ses anciens comtes, des monuments qu'on y a découverts et dans ses environs, extraits de plusieurs titres et manuscrits originaux, conservés dans le cabinet de l'auteur par M. Jardel, officier chez le roi.

MS. Histoire des comtes de Braine et de la situation de cette ville; avec une chronologie des abbés de Saint-Yved (du même lieu), ordre de Prémontrés, à commencer du XIIe siècle.

Ces deux manuscrits sont dans la bibliothèque de M. Jardel, à Braine.

No 34,881. * Mémoire entre le roi et le comte de Braine, pour la mouvance de Nesle et forêt de Daulle; Paris, 1761 : grand *in-fol*.

Ce mémoire est historique.

No 34,881. ** MS. Titres originaux et nombre de pièces concernant l'ancien prieuré de Saint-Remi de Braine, les différentes contestations qui se sont élevées entre les prieurs, les curés et habitants, ainsi qu'avec les religieux Prémontrés de Saint-Yved : *in-fol*.

Ce manuscrit est conservé dans la bibliothèque de M. Jardel.

No 34,881. *** MS. Journal de tout ce qui s'est passé à Braine, depuis le mois de janvier 1628 jusqu'en l'année 1667 : *in-4o*.

Ce journal, qui est aussi dans la bibliothèque de M. Jardel, à Braine, remonte jusqu'aux années 1580 et *suiv*., pour rapporter quelques évènements curieux arrivés dans cette ville. Mais le plus intéressant regarde les ravages commis par l'armée de l'archiduc Léopold où était le vicomte de Turenne, le sieur de Boutteville, le comte de Grandpré et autres confédérés, pendant les troubles de la Fronde. Cette armée resta campée près d'un mois dans la plaine de Bazoches, à une lieue et demie de Braine, ruinant, brûlant et pillant tout le pays.

N° 34,882. * MS. Copie du procès-verbal du 6 août 1748, fait par-devant Calois et Le Comte, notaires à Soissons, du dépôt de plusieurs pièces concernant la navigation de la rivière de *Vesle*, pour Reims, Braine, Paris et Rouen : in-4°.

La première de ces pièces est un acte du 23 avril 1598, portant ré-ception d'officiers pour ladite navigation, par lequel on voit que ce projet avait été formé dès l'an 1553, sous Henri II, qui accorda aux habitants de Reims des lettres-patentes, afin d'établir un commissaire pour visiter la rivière de *Vesle*, etc. Projet qui fut repris depuis par Henri-Robert de la Marck, comte de Braine, et le chancelier Bruslard de Sillery.

MS. Mémoire sur la navigation de la rivière de Vesle, fait par ordre de M. Méliand, intendant de Soissons, pour être présenté à M. le con-trôleur-général, par M. Jardel, officier chez le roi.

Ces deux pièces sont conservées à Braine, dans le cabinet de M. Jardel.

Lettre de M. Jardel, officier du roi, sur la ville de Braine, près Soissons. (1).

La ville de Braine a été connue de tout temps sous le nom de *Bren-nacum* ou *Brinnacum*; c'est ainsi qu'elle est nommée plusieurs fois dans Grégoire de Tours, où elle est qualifiée de maison royale dans laquelle les rois de Soissons faisaient élever leurs enfants et même con-server leurs trésors. Tous les historiens et les géographes ont suivi ce sentiment. M. Le Bœuf seul les a contredits et a placé le *Brennacum* à un certain Bargny, village à deux lieues de Crépy-en-Valois. Mais on sait combien le savant antiquaire s'est trompé de fois, et on a déjà re-connu et relevé plusieurs de ses méprises, surtout dans l'*Histoire du diocèse de Paris*. Quoi qu'il en soit, l'auteur de la *Nouvelle Histoire du Valois*, qui vient de paraître, a aussi suivi ce sentiment, que j'ai com-battu par d'assez fortes autorités dans les mémoires que je lui ai fournis pour son histoire; mais il a mieux aimé suivre le plan qu'il avait pris

(1) Extrait des *Nouvelles recherches sur la France*, t. I, p. 134, 143.

sur ceux de M. Le Bœuf, je ne sais pas quelles raisons ainsi que sur
d'autres, et il a donné dans plusieurs méprises qu'il aurait évitées en
suivant les remarques que j'avais eu l'honneur de lui envoyer, et qui
étaient toutes tirées des sources mêmes. Au reste, son Histoire est
remplie de choses curieuses, et, pour ce qui regarde la ville de Braine,
cet historien est entré dans tous les détails qui peuvent en donner
connaissance, soit pour l'histoire ecclésiastique et civile, soit pour
l'histoire naturelle. Pour les deux premières, on peut encore consulter
les historiens de la nation, à commencer par Grégoire de Tours, Flo-
doard, la Table chronologique de l'histoire de Reims par Coquault,
Thesaurus Anecdotorum;, les Monuments de la monarchie française, du
Père Montfaucon; les listes des maisons royales de la première race,
Froissart, Monstrelet, Dutillet, les éhroniqueurs, Duchesne, Histoires
des maisons de Dreux et de Châtillon, les frères de Sainte- Marthe, le
père Anselme, les Mémoires de l'Académie des inscriptions, et tous les
historiens qui ont parlé de l'histoire et topographie de la France.

Ce qui pourrait prouver l'antiquité de la ville de Braine, c'est la quantité de médailles romaines, consulaires et impériales, qu'on y a trouvées
et qu'on y trouve encore de temps en temps. Cette année-ci, en faisant
creuser les fondations d'une maison que je fais bâtir, on en a trouvé
neuf, dont une de la colonie de Nîmes, avec les têtes d'Auguste et
d'Agrippa, deux de T. Claudius, une de Galba, une de Germanicus,
de Néron, une de *Julia Uxor Septimi Severi*, et un Maximien. J'ai formé
une collection assez considérable de celles trouvées ici et dans les
environs, avec quelques antiques, et entre autres un Abraxas égyptien
ou perse sur une agathe, que j'ai envoyée à M. le comte de Caylus qui
l'a fait graver dans le tome IV, p. 62 et 63 de ses *Antiquités Egyp-
tiennes, Etrusques, Grecques, Romaines et Gauloises.* Bergier dit aussi
que la chaussée de Brunehaut allait de Fismes à Soissons par la ville
de Braine.

Pour ce qui concerne l'histoire ecclésiastique de Braine, il y a dans
cette ville deux maisons religieuses : un prieuré, ordre de Saint-Benoît-
Cluni et une paroisse. La première maison religieuse est une abbaye
d'hommes de l'ordre de Prémontré, dont on peut voir l'origine dans la
Nouvelle Histoire du Valois, ainsi que de la seconde, qui est une communauté de filles gouvernée par une prieure perpétuelle, sous la règle
de saint Benoît. Le prieuré, sous le titre de Saint-Remi, dépend de la
Charité-sur-Loire, et son origine se perd dans la plus haute antiquité.
La tradition du pays et quelques manuscrits l'attribuent à Chilpéric,

roi de Soissons; et cela ne ferait que confirmer le *Brennacum* en notre faveur. Ni le *Gallia christiana*, ni les auteurs qui ont écrit sur cette matière n'ont pu en découvrir les commencements; et j'ai vu par des titres, que, dès le XIIe siècle, la communauté de Saint-Benoît, dont il était composé, ne subsistait déjà plus. Il n'y restait qu'un Prieur et un Sacristain, et ce Prieur avait de très-beaux droits dans Braine même et les environs. Suivant un ancien dénombrement fourni à la Chambre des Comptes, que j'ai vu, il était encore Seigneur sur vingt-et-une paroisses dans le XVe siècle. Ce n'est plus qu'un Prieuré simple, tenu en commende depuis environ cent quarante ans (1).

Ma patrie a donné le jour à quelques hommes connus dans l'histoire, entr'autres au fameux Philippe de Dreux, évêque de Beauvais, né à Braine vers l'an 1160, et qualifié par Thomas Valsingham *(in y podigmate Neustriæ)*, d'*homme courageux et vaillant aux armes, cousin du roi de France, et plus adonné à Mars qu'à la vénération des martyrs.* C'est lui qui se servait si habilement d'une massue à la bataille de Bouvines, avec laquelle il assommoit autant d'ennemis qu'il en trouvoit, *ne les voulant* frapper de l'épée. Guillaume Longue-Epée, comte de Salisbéry, frère naturel de Jean, roi d'Angleterre, en fit une rude épreuve, lorsqu'il l'étendit sur la place et le fit faire prisonnier par Jean de Nesles, qui était à côté de lui.

Le célèbre Pierre Mauclerc, duc de Bretagne, neveu de ce Philippe de Dreux, était aussi né à Braine. Claude Blondeau, dans sa *Bibliothèque canonique*, dit qu'il fut appelé *Mauclerc* parce qu'il fut un des premiers qui s'opposa aux entreprises des Ecclésiastiques sur la juridiction séculière. Il est aussi fort connu par les démêlés qu'il a eus avec saint Louis.

L'abbaye des Prémontrés a produit quelques écrivains distingués par leur savoir; parmi lesquels on compte Jean d'Abbeville, dont on con-

(1) Voyez et consultez, sur tout ceci, l'ouvrage déjà cité et intitulé : *Histoire du Duché de Valois*, orné de cartes et de gravures, contenant ce qui est arrivé dans ce pays depuis le temps des Gaulois et depuis l'origine de la monarchie française jusqu'à l'année 1703, par M. l'abbé Carlier, prieur d'Andrezy. L'auteur est né à Verberie, près Compiègne, et vit encore. Il est entré dans tous les détails possibles; peut-être même s'est-il trop appesanti par une quantité de petites remarques, ce qui rend son ouvrage lâche et diffus dans bien des endroits; néanmoins, on peut dire qu'on y trouve des choses excellentes et singulières. Ce n'est peut-être pas un ouvrage de goût, mais c'est un ouvrage certainement curieux.

serve quinze ou seize volumes manuscrits in-folio sur les Pères, vers l'an 1210; Jean de Livac, qui a écrit plusieurs volumes d'Annales et de Vies des Saints (j'en ai deux volumes in-fol., manuscrit, dans mon cabinet); Pierre de Braine, *très-célèbre pour l'excellence de ses œuvres, lesquels sont entre les mains des Jésuites,* dit un auteur du dernier siècle; Umbert, abbé de Braine, vers 1260; Guillaume de Braine, dont on a un livre d'homélies qu'il écrivit en 1327; Amé de Lafontaine (il a encore de ses descendants à Braine), homme docte et fort versé dans toutes sortes de connaissance, qui fut tiré de Braine pour être abbé de Saint-Martin de Laon, où l'on dit qu'il n'a pas eu son pareil; Michel Coupson, professeur en théologie, d'abord abbé de Braine, et ensuite général de tout l'ordre des Prémontrés; et enfin Matthieu Herbelin, qui a écrit l'*Histoire de la Maison de Dreux et de Braine,* cité souvent par Duchesne, le P. Anselme; et n'est *d'ailleurs à mépriser,* disent de lui les frères de Sainte-Marthe, dans l'*Histoire généalogique de la maison de France,* t. II, édit. de Paris, 1628.

Je ne dois pas oublier que la seigneurie de Braine est un des plus anciens comtés du royaume. Il est ce qu'on appelle *aborigène.* Depuis le xıe siècle que Robert de France, comte de Dreux, fils de Louis-le-Gros, épousa l'héritière de Braine, Agnès de Champagne, fille ou nièce de Thibaud-le-Grand, comte de Champagne, cette seigneurie n'a jamais été vendue ni aliénée, et elle a passé, par succession ou alliance, de la maison de France dans celles de Roucy, de Sarrebruck, de la Marck Bouillon, de Duras, de Lorraine, et enfin dans celle d'Egmont, à qui elle appartient aujourd'hui. Ces comtes étaient Pairs des comtés de Champagne. (Voy. Pitou.)

Braisne, le 30 juillet 1765.

Lettre sur quelques particularités de l'Histoire naturelle du Soissonnois et des environs de Laon, par M. Jardel, Officier du Roi, résident à Braine (1).

Le Soissonnois renferme des parties assez curieuses de l'Histoire naturelle, et les environs de Braine ne sont pas les moins riches. On y trouve des sources minérales. Une entr'autres est à une porte de la ville, dite *de Châtillon.* La qualité de ses eaux approche de celle de

(1) *Nouvelles recherches sur la France* t. II, p. 310-328.

Passy. Plusieurs personnes les ont prises et les prennent encore avec succès. Elles purgent doucement. Il y a près de Vailly, au moulin de Saint-Pierre, une pareille source. Une partie d'une montagne située au village de Chassemy, à une demi-lieue au nord de Braine, s'étant affaissée il y a quelques années, je reconnus que des eaux qui avoient été filtrées à travers les terres de cette montagne, avoient causé cet effet. La terre affaissée était une excellente terre à foulon, d'une couleur verd-brun, fort grasse, fort savonneuse et dont on pourroit tirer partie près d'une manufacture de draps. Les gens du pays s'en servent au lieu de savon.

Au village de Bourg, sur la rivière d'Aisne, à deux lieues nord-est de Braine, on trouve une mine très-abondante de soufre, d'alun, de bitume, de vitriol, qu'on a tenté de faire valoir autrefois, qui a été abandonnée faute de moyens.

Au nord de Braine, à une lieue de la ville, est une montagne qui descend de Saint-Mard-la-Commune et qui renferme un banc de coquillages fossiles, les plus beaux et les plus curieux qu'on puisse voir. On y trouve différens buccins. Celui appelé *le Fuseau* y est magnifique, ainsi que les madrépores et œillets, le casque, les volutes, les stronbites et turbinites. On voit de toutes grosseurs l'échinite ou l'oursin, des glossopêtres de toutes grandeurs avec des lampas, la gonnille espagnole, petite coquille peu commune, le manche de couteau, des petoncles, les bivalves, patelles, pelures d'oignons, le cadran, pointes d'oursins, tubes vermiculaires, de petites nantilles, le calme très-beau, des tenilles, le corail-fossile, des os pétrifiés, des balemnites. Dans une autre montagne plus voisine de Braine, au-dessus du bois d'Orfigny, est une grande quantité d'oursins, quelques cornes d'ammon, le cœur de bœuf, des stalactites, du spath, la sélinite ou le gypse, quelques dendrites. Dans la plaine de Chassemy, des bois pétrifiés; dans celle de Pont-Arcy, des cailloux qui prennent un très-beau poli. A la Folie, vieux château ruiné au-dessus de Braine, sont des rochers tout entiers de pierres numismales et de tubes vermiculaires. Nous trouvons aussi quelquefois des pyrites, des marcassites surterre et dans la terre, ainsi que la céraunité ou pierre de tonnerre, de différentes formes et grosseurs, la pierre fromentaire, des concrétions, des fluors et des cristallisations. A Aisy-Jouy, il y a des nérites fort belles, vers le levant, à deux lieues de Braine. En sortant de la forêt de Dôle, au-dessus du Pont-Charton, est un riche banc de coquillages, qui s'étend, de ma connaissance, à plus de trois lieues de terrain, et où l'on trouve différens buccins, mais surtout l'épineux qui y est de toute beauté, ainsi que la fripière, des limas de toutes façons, le sabot, le bonnet de matelot épineux, des huitres, des cames, des patelles, pelures d'oignons, glossopêtres, lampas, manches de couteaux, pointes d'oursins, le cadran, la coquille du peintre, des vis parfaites et très-grosses, des petits madrépores.

A Mareuil-en-Dôle, est une fontaine où se forme une espèce de pierre-ponce. Près l'abbaye des Prémontrés de Chartreuve, on voit une autre fontaine qui pétrifie ; elle tombe de trente pieds de haut, et s'est formée un lit très-épais des parties pierreuses qu'elle charie. J'ai dans mon cabinet des empreintes de feuilles de chênes et autres parties d'arbres pétrifiés, qui sont très-bien formées et qu'on y trouve facilement.

A Jonchery, sur le grand chemin de Reims, un banc de coquilles minéralisées très-belles. A Méry, une carrière de coquilles par lit, pétrifiées et agathisées. A Aubilly, une sorte de pierre blanche fort légère et qui nage sur l'eau; et sur la montagne de Boully, tout proche, on trouve, en creusant fort peu, des bancs tout entiers de pierres de roches toutes cristallisées. A Arcy-Ponsard, Longueville, Courville, on rencontre facilement le cœur-de-bœuf, beaucoup de coquilles agathisées, avec diverses stalactites.

Proche Orbais en Brie, j'ai trouvé une montagne toute remplie de souches de bois pétrifiées, dont quelques-unes sont cristallisées. Il y en a de très-grosses, et on s'en sert comme de pierre dans le pays, pour faire des murs. J'en ai vu plusieurs à celui du cimetière de la paroisse.

Dans les grèves ou sables de la rivière d'Aisne, on trouve la térébratule, appellée communément *Coq* et *Poule*. A Missy-Sainte-Radégonde, une mine d'un certain mica jaune, qui ressemble fort à de l'or, avec différens minéraux. On trouve aussi beaucoup de ce mica jaune, ou or de chat, dans la forêt de Compiègne, vers les Célestins de Sainte-Croix, avec des pyrites fort grosses ; à Crouy, dans la montagne, des cicodes ; à Vauxbuin, près Soissons, à Mercin, Maupas, Pernant, la Montagne de Paris, différens coquillages, surtout beaucoup d'os pétrifiés.

Le Laonnois abonde en minéraux et en végétaux. On a découvert depuis quelques années, à Suzy, Cessières, Missy, des mines de cendres (1) ou charbons de terre fossiles, appelés *Houille* dans le pays,

(1) Voici ce qu'on lit au sujet de ces cendres, dans l'*Avant-Coureur*,

et dont les laboureurs se servent avec beaucoup de succès, pour échauffer les terrains froids et les engraisser. Je fus, il y a quelque temps, chez un gentilhomme de ma connaissance, dont la terre, appelée *Mauregny*, est à deux lieues nord-est de Laon : il me mena à une montagne fort haute et toute isolée près de son village, laquelle s'étant éboulée dans la partie du midi, découvrit différentes nuances de terres rangées par couches horizontales. Il fit fouiller à quarante pieds de profondeur dans cette montagne, qui est toute d'un sable brun, et on parvint à la naissance de la mine, dont les parties composantes ont été reconnues par les expériences être salines, ignées, sulphureuses et huileuses. Plus de quatre cents laboureurs du pays ont répandu de ces terres ou cendres dorées sur leurs champs et leurs prairies ; les récoltes en ont été plus abondantes ; ils ont observé les précautions nécessaires pour les quantités de chaque espèce. On a compté sept sortes de terres ou de minéral dans cette mine.

La première est une couche d'environ vingt pouces d'épais, dont la base est un sable bleuâtre fort gras.

La seconde a dix-huit pouces d'épais, noire, grasse, dont la base

1760, p. 184. « On a découvert depuis quelque temps, entre les villages de
« Suzy et de Cessières, à deux lieues de Laon, une terre combustible qui
» brûle d'elle-même, et sans qu'on y mette le feu. Elle est noire et sulphu-
» reuse, mêlée de morceaux de fer, la plupart ronds et bulbeux : elle se
» trouve à vingt-deux ou vingt-quatre pieds de profondeur. Un monceau de
» cette terre, qui avait été tiré sans dessein, s'est embrasé tout d'un coup,
» et il continue de conserver un feu concentré. La chaleur s'en communique
» à quinze et jusqu'à vingt pieds de distance. Au mois de septembre 1758, on
» a remarqué qu'un pommier dépouillé de fruits et de feuilles, a reparu dès
» les premiers jours du mois de décembre suivant, chargé de feuilles et de
» fleurs. Les laboureurs et les jardiniers ont fait plusieurs essais de cette
» terre brûlée et non brûlée, pour amender leurs terrains, et ils l'ont jugée
» préférable à beaucoup d'autres engrais ; c'est pourquoi on en vient acheter
» de tous les environs du lieu. Elle sert aux laboureurs à réchauffer les terres
» et à les préserver des insectes ; elle est aussi très-bonne pour les arbres
» fruitiers et pour les grains ronds, pour les trèfle, luzerne, sainfoin, etc. ;
» elle change la nature des herbes des prés et les fertilise. Au-dessous de
» cette terre combustible, il se trouve un banc de terre blanche, épaisse de
» treize à quatorze pouces, extrêmement serrée et d'un poids extraordinaire.
» Elle est propre à faire des pots et des creusets pour fondre toutes sortes de
» matières. On l'emploie particulièrement dans la manufacture des glaces de
» Saint-Gobain et dans plusieurs verreries. »

est une espèce de limon, contenant quelques parties ignées. Après être desséché à l'air, il devient d'un brun obscur, se divise par écaille et se réduit en poudre.

La troisième est une couche d'environ un pied et demi, car elles varient toutes, augmentant d'épaisseur quand il y a beaucoup de décombres à enlever et diminuant quand il y en a moins. Cette dernière matière, avant qu'on la tire, est noire, moëlleuse et douce comme de la farine. Mais quand elle est desséchée par l'air, elle devient âpre et rude, et se met par grumelots. La base est un limon argileux imprégné de matières sulphureuses, bitumineuses et ferrugineuses, dont les parties ignées ne rendent qu'une flamme faible; le tout se réduit avec lenteur en cendres grisâtres.

La quatrième ne peut s'appeler une couche, et ne contient que les cendres de la couche qui suit. Les cultivateurs en font grand cas. Cependant, il paraît qu'on ne peut les employer que pour les terrains secs avec succès, à moins qu'elles ne soient dosées avec les numéros ci-dessus.

La cinquième est une couche épaisse d'environ trois pieds; quoique remplie d'eau, elle brûle au sortir de la mine, dès qu'on lui communique le feu. Il y en avait qui brûlait encore lorsque j'y fus, quoique allumée depuis plus de deux mois. La plupart de ses parties constituantes sont noires et graisseuses. La principale est une espèce de charbon de terre imparfait, qu'il faut arracher de la mine à coup de pioche. C'est sur cette couche qu'a été trouvé l'arbre dont je parle ci-après. Pour connaître les qualités des parties ignées dont elle abonde, on les a comparées avec celles du charbon de terre, en le faisant brûler dans le même foyer à volume égal en même temps, sous le même point de vue et séparés l'un de l'autre. Par l'analyse qui en a été faite, il s'est trouvé que le charbon prend feu plus promptement que la houille; la flamme du premier est plus blanche et plus nourrie. La houille ne s'allume pas si vite, la flamme est plus vive, plus bleue et plus sulphureuse. Le charbon est plus solide, il résiste au souffloir et à l'eau qu'on jette dessus. La houille ne résiste qu'au souffloir, et n'a pas assez de consistance pour résister à l'eau qui la divise. Les deux matières se rallument, continuant à brûler avec moins de flamme et s'éteignent à peu près en même temps. Le fond de leurs cendres est à peu près semblable et tire sur le blanc, avec cette différence que souvent celles de la houille sont plus variées, mêlées de jaune, de brun et d'un rouge foncé, contenant des sels fixes.

La matière de cette cinquième couche, mise dans une cornue exposée au feu gradué, rend d'abord une eau limpide, âcre et mordicante, ensuite une huile noire et fétide, semblable à celle qu'on tire du bitume factice, pour remplacer celui qui nous vient de l'étranger. L'odeur sulphureuse, vive et pénétrante qu'elle exhale, dénote un bitume salin et abondant, qui constitue la principale partie des bons engrais ; il ne faut qu'en faire une application juste.

Il sort aussi de cette cinquième couche, des eaux en abondance qui forment une source. On a prétendu y trouver un petit goût sulphureux. J'en ai bu et les ai goûtées à la source même, sans y en trouver aucun. J'en pouvais d'autant mieux juger, qu'il y a plus de vingt ans que je n'ai bu de vin, ni aucune sorte de liqueurs. Ces eaux sont très-claires, fort légères et agréables à boire. Trente ou quarante ouvriers qui y travaillaient, même dans les plus fortes chaleurs, n'en buvaient pas d'autre, et aucun n'en a ressenti la plus légère incommodité.

La sixième couche est une espèce de marne grasse et graveleuse, remplie par place d'une quantité prodigieuse de coquillages, qui se réduisent en poudre à la moindre pression : c'est un bon engrais pour les terres fortes. Cette couche a d'épaisseur environ vingt pouces.

La septième et dernière couche qu'on a découvert après les autres, a d'épaisseur cinq à six pieds, c'est la plus forte et la plus profonde de toutes. Ses parties constituantes sont tout-à-fait les mêmes que celles de la seconde couche.

Je me suis un peu étendu sur le détail et les qualités de cette mine, parce qu'elle peut fournir des observations à ceux qui ne laissent rien échapper de ce qui peut enrichir la société et étendre les connaissances physiques que la nature offre partout avec abondance. J'y joindrai un fait qui n'est pas commun dans le milieu de la France.

En fouillant le sable pour découvrir cette mine, on trouva à la plus grande profondeur, un arbre de quarante pieds de longs dont on ne découvrit pas même la tête, et de huit à dix pieds de circonférence, qui était tout à la fois pétrifié, crystallisé, minéralisé, et qui conservait encore quelques parties de sa nature de bois. Cet arbre avait différentes nuances de noir, de brun, d'ardoisé, qu'il avait vraisemblablement prises des diverses couches de minéraux dans lesquels il nageait, pour ainsi dire. Les ouvriers le mirent en pièces pour en faire des ponts sur la source, et autres choses. J'en fis ramasser plusieurs morceaux des plus beaux que j'ai pu découvrir, dont un entre autres a bien près de cinq pieds de long et pèse plus de trois cents livres ; je l'ai fait apporter dans mon cabinet. C'est un morceau rare et curieux. J'en ai fait scier et polir, et on en ferait de beaux ouvrages. Il est à remarquer qu'on a trouvé sous cet arbre un massif en forme de plancher, de quinze à dix-huit pouces d'épaisseur, d'un bois amolli et maniable comme de la pâte. C'est sans doute l'effet des sels minéraux qui s'exhalent et en pénétrent le tissu, et c'est aussi, je pense, la manière dont se forme le charbon de terre. Ne pourrait-on pas croire que c'est de cette sorte que la nature préparait les bois à se pétrifier, en les amollissant d'abord et en les humectant de parties alumineuses et bitumineuses. Quoi qu'il en soit, si cet arbre avait été conservé et qu'on eût pu le transporter et le placer quelque part, c'était un morceau digne d'attirer bien des curieux. Les veines et les fibres y sont conservées dans tout leur entier.

La montagne où est située la mine de Mauregny est toute remplie de bois pétrifiés ; on en trouve une quantité prodigieuse sur une petite élévation très-voisine et qui tire au village de Montaigu, avec des cailloux très-beaux et de diverses formes. Beaucoup de ces bois sont de différentes natures et sont tous parfaits. Ce pays est couvert de sables. Il semble avoir été bouleversé entièrement dans quelques révolutions du globe ; ce ne sont que de petits monticules arrangés autour de plus considérables, avec des escarpements et un terrain très-raboteux (1). Vers le levant du village, on trouve une espèce de bassin rempli de sources qui ressemble à un très-beau port, il est couvert tout autour de montagnes et n'a qu'une ouverture (2).

Il y a encore quelques cantons dans nos environs où l'on trouve aussi des curiosités, mais le détail ne finirait pas. J'ajouterai seulement, qu'à Soupir, sur la montagne, et à Hostel, on trouve de grandes pierres plates toutes couvertes de coquilles agathisées et d'autres cristallisées. Elles sont curieuses. On y trouve aussi de beaux cailloux. Pour finir,

(1) M. L'abbé Pluche, auteur célèbre du *Spectacle de la Nature*, parle au long, dans cet excellent ouvrage, de la montagne sur laquelle est bâtie la ville de Laon. Il en décrit l'intérieur et l'ordre des couches qui s'étendent les unes sur les autres jusqu'au tiers de la hauteur de cette montagne qui est élevée d'environ cinquante toises au milieu d'une plaine spacieuse. Ce détail est terminé par de courtes remarques sur la qualité des eaux de puits et de fontaines qu'on boit à Laon.

(2) C'est aussi à une lieue de Mauregny qu'on trouve le camp de César, dont M. le comte de Caylus a donné la description. J'en ai rapporté de belles médailles qu'on y trouve de temps en temps.

j'ai eu la patience de ramasser dans le sable de nos bancs de coquilles près de deux mille des plus petites ; leur grosseur n'excède pas la tête d'une petite épingle ; toutes sont bien entières, bien conservées, et sont comme la semence de toutes les coquilles qu'on y rencontre.

L'ordre n'est pas observé dans ce mémoire ; mais le temps ne m'a pas permis de le mettre au net. Dailleurs, il est exact ; j'ai tout vu ce que j'y avance, et j'ai dans mon cabinet toutes les choses dont il est fait mention.

Braine, le 15 avril 1765.

Lettre sur quelques antiquités trouvées dans le Soissonnais, écrite de Braine le 3 décembre 1765 à M. de P... (1)

Je vais, Monsieur, vous faire le détail d'une découverte faite depuis peu, à trois lieues d'ici. Elle est d'autant plus curieuse que l'endroit n'est connu par aucune circonstance dans nos anciens historiens, ni même par aucune tradition de pays.

Une paysanne du village de Loupeigne, étant à ramasser des prunelles sur les buissons du parc de Fère-en-Tardenois, au mois d'octobre dernier, vit briller tout d'un coup à ses pieds et tout à découvert un paquet d'or. C'étoient trente-huit médailles, deux bijoux que je juge, sur la description qu'on m'en a faite, pouvoir être des plaques d'agraffes ou de bracelets, ou des reliquaires avec deux bagues, dont l'une étoit un anneau simple, et l'autre, fort large et épaisse, paraissoit composée de trois anneaux unis ensemble au-dessus de celui du milieu qui étoit le plus large. Cette bague avoit un chaton haut de cinq ou six lignes qui renfermoit une pierre gravée qui fut perdue. Les plaques avoient trois pouces environ de tout sens et étoient travaillées en dessus par petits carrés couverts de pierres ou petits verres de diverses couleurs bleues, rouges, vertes, etc., sous lesquelles il y avoit un travail en filigrane d'or qui formoit des figures et peut-être des caractères, c'est ce qu'on n'a pu me dire. Il y a apparence que ce petit trésor étoit renfermé dans une bourse ou quelqu'autre chose, que le temps avoit réduit en poussière, car la paysanne le ramassa comme une pelotte sans qu'il s'en détachât rien du tout.

A deux pieds tout au plus de cet or étoit un squelette entier et bien conservé, couché sur le côté, une main appuyée sous la tête et les deux

jambes retirées, de sorte qu'il avait les talons dans le derrière. Un co-
quin de paysan le mit en pièces d'un coup de hoiau pour voir s'il y avoit
rien de caché sous lui. Il est bon d'observer que la plus grande partie
du parc de Fère et des environs n'est que sable, et qu'à l'endroit de
cette trouvaille il y est par monceaux qui augmentent ou diminuent,
selon que le vent souffle. Ainsi il paraît que l'ouragan du mois d'octobre
dernier qui a été très-violent avoit mis à découvert et les médailles et
le squelette, car tout fut trouvé un jour ou deux après.

Je n'ai pu avoir que trois de ces médailles, que j'ai pour ainsi dire
sauvées du creuset (le reste étant dispersé ainsi que les bagues et bijoux
qu'on m'a dit avoir été fondus). Elles sont du bas-empire, du moins
celles que j'ai vues. Les miennes, belles et bien conservées, sont un
Valentinien, un *Anastase* et un *Justinien*. Le *Valentinien*, de grand module, est la médaille connue avec la légende D. N. *Valentinianus* P. F.
Aug. Au revers, cet empereur appuyé sur le *labarum* et portant de la
main gauche une victoriale posée sur un globe et présentant une cou-
ronne à l'empereur; autour, *Restitutor Republicæ*, et dans l'exerge
Konst, qui est le Constantinople grec.

L'*Anastase*, de petit module, annonce déjà la barbarie des moné-
taires par la mauvaise forme des types et des caractères. On lit autour
de la tête de l'empereur D. N. *Anastagius* P. F. *Aug*. Le revers est un
peu fruste. On y voit l'ange de la Victoire, dont le bas paroît terminé en
queue de siréne, au milieu d'une draperie très-dépliée. Cette Victoire
tient d'une main un instrument à demi-effacé, et de l'autre un globe
surmonté d'une croix avec une étoile au-dessus, qui désignent, à ce
qu'on pense, l'empire d'Orient; on lit autour : *Victoria Augustorum*;
dans l'exerge : *Conob* (Constantinopoli obsignatat, scilicet, pecunia).

Le *Justinien*, de grand module, est armé avec la haste ou pique sur
l'épaule, et autour on lit : *Justiniani*; sur le revers, l'ange de la Victoire tenant une croix avec une étoile à côté, et autour : *Victoria
Anggg. Comob*.

Outre ces trois médailles d'or, on m'en a donné une petite de bronze,
extrêmement bien conservée, trouvée aux environs du même lieu; c'est
une gauloise avec une tête de guerrier, armée d'un casque. On voit sur
le revers un cheval en liberté, avec ces lettres bien formées : CRRNV,
qui semblent plutôt servir d'ornement que d'explication.

Comme je ne pus avoir, lorsque je fus sur les lieux, que l'*Anastase*
avec le *Justinien*, et deux jours après le *Valentinien*, que je rachetoi
chez un orfèvre, je fis fouiller le terrain qu'on avoit déjà beaucoup

remué et qui étoit couvert d'os de morts, surtout de beaucoup de crânes. Mes peines ne furent pas tout à fait perdues, et je rapportoi chez moi une *Julia Soœmias* avec la *Vénus Cœlestis* au revers. Un M. *Aur. Sev. Alexander*, au revers, une figure debout, tenant une patère au-dessus d'un autel allumé, et autour : P. M. *Tr. P. V. Cos* II P. P. (*Pontifex Maximus, tribunitiâ potestate quintûm Consul II bis Pater Patriæ.)* Un *Valentinien* dont le revers est le même que celui en or ci-dessus avec ces mots du bas *Lug.* Un *Trajanus Decius*, au revers l'empereur est à cheval, et autour : *Aventus Aug.* La médaille *Divio Caro Pio*, au revers une aigle éployée, et autour : *Consecratio* ; et deux *Numerianus*, dont les revers sont : l'un *Mars* armé, portant un trophée sur l'épaule gauche, avec une pique à la main droite, et autour : *Mars Victor*, et l'autre la Déesse de la Paix tenant une branche d'olivier, la lettre B au-dessus (peut-être pour *bonus Eventus*), et autour : *Pax Aug.* Les quatre premières sont d'argent et les trois premières de potin.

Avec ces médailles, je rapportoi encore deux pierres gravées et certainement antiques. L'une est une cornaline ovale, en ronde bosse, de huit lignes de hauteur et de quatre de largeur, sur laquelle est gravée en creux une figure drapée jusqu'aux genoux d'une espèce de cotte de maille, ayant à gauche et détachée quelque chose qui ressemble à un épi de bled. L'autre est une sardoine nuancée d'un fond brun orangé, aussi de forme ovale, moins grande que la cornaline. On voit sur celle-ci, gravée assez creux, une figure nue, dont la tête est très-fine, adossée je pense à un arbre, tenant quelque chose qu'elle considère attentivement et ayant à ses pieds un vase d'où semble s'élever de la fumée. Le travail paroit romain et singulier. Il y avait encore quelques grains d'un verre sombre, aplatis par les côtés, percés dans le milieu, et autour un cordon d'une espèce de pâte ou d'émail citron. C'étoit vraisemblablement de quelque collier ou bracelet.

Voici encore, Monsieur, un autre genre de curiosités trouvées, toujours en fouillant ce terrain ou plutôt ce sable tout rempli d'os de morts et de débris de cercueil de pierre dure : 1º Trois *fibulæ* ou agraffes de bronze bien conservées, dont deux ont encore leurs épingles ou aiguillons mobiles. Une est droite et les deux autres sont un peu courbées en forme d'arc. Les hommes portoient ces agraffes, tantôt sur l'épaule droite, tantôt sur la gauche, pour relever la chlamyde ou la tunique et attacher quelquefois les deux côtés ensemble; les femmes les portoient sur la poitrine. 2º Trois bossettes ou grelots aussi de bronze dont deux sont attachées à un anneau. C'étoit une sorte de parure qui s'attachoit sur l'habit des soldats et sur les harnois des chevaux. 3° Une lampe d'une terre bise bien cuite et travaillée d'un triple cordon de grainetis en dessus. 4° Une petite urne ou vase de terre brune naturelle et sans vernis, d'une forme simple mais assez agréable. J'en ai vu plusieurs semblables trouvées dans d'anciennes sépultures. 5° Enfin un outil ou instrument dont j'ignore absolument l'usage et que je n'ai vu rapporté nulle part. C'est une espèce de coin qui ressemble tout à fait pour la forme extérieure à celui rapporté par M. le comte de *Caylus* au n° 1 de la planche 105 du premier tome de ses antiquités. Il a deux pouces environ de hauteur et un demi de diamètre. Il est uni en dehors et taillé en dedans de rayures ou pans fort creux et très égaux à vive arête, se terminant en pointes dans le fond et dont les bases, à l'ouverture sont coupées en chamfrain. La matière, très-solide, semble être un alliage de différents métaux, jusqu'à y soupçonner de l'or, et on y voit des têtes de clous qui ont été fondus avec la figure. Il paroît n'avoir été fait que pour être retenu dans un mandrin, et son poids et sa force le rendent propre à beaucoup de résistance. Comme je n'ai ici ni ressource ni secours pour me tirer de mon ignorance, permettez-moi, Monsieur, de regretter avec toutes sortes de raisons, dans ce moment, la perte considérable que les arts et les sciences viennent de faire dans la personne de M. *de Caylus* dont j'ai cité les curieux ouvrages plus haut. Né pour parvenir à tout ce qui pouvoit flatter l'ambition, il a préféré l'étude et la sagesse à l'orgueil du rang et à la séduction des vanités. Ce savant si modeste m'avoit permis de recourir à ses lumières quelquefois, et j'en aurois grand besoin dans cet instant où je serais très-flatté de lui offrir cette petite découverte. Au reste, ne pouvant connoître ce prétendu coin, je compte le porter à Paris à mon premier voyage.

Avec toutes les choses dont je viens de parler, j'ai encore trouvé sur le même terrain une fort grande quantité de différents morceaux de terre cuite, qui annoncent qu'il y a eu incontestablement dans cet endroit une manufacture de vases et d'ouvrages en terre. Je n'ai point vu d'apparence de four, mais peut-être en trouverait-on si l'on fouillait plus avant et plus exactement. Tous ces fragments sont de diverses couleurs : il y en a même d'un beau rouge, semblable à la terre de Nismes, et qui ont encore conservé un émail ou vernis assez frais. J'en ai rapporté quelques-uns sur lesquels on voit en relief différentes figures, entr'autres un animal, lion ou chien à tête humaine, un feuillage courant bien conservé, une colonne, etc. Ce lieu paroît avoir été propre à un pareil établissement, car outre le sable et une terre noire qu'on rencontre dessous, on trouve encore à peu de distance, des glaises et des eaux pour le lavage des terres.

On ne sauroit tirer aucune conjecture sur ce lieu, qui n'est cité dans nul endroit que je sache, sinon qu'on peut penser qu'il y a eu au moins autrefois un ancien cimetière et par conséquent une habitation proche ou peu éloignée. La quantité de morceaux brisés de terre cuite, pourroit encore prouver par leur espèce que la manufacture de vases et de plâteries pouvoit être l'ouvrage des Romains qui ont formé dans les Gaules beaucoup de ces établissements.

M. l'abbé *Le Bœuf*, dans une dissertation sur le Soissonnois, dit bien qu'il y avoit plusieurs villes dans ce canton, dont on ne connoit plus la situation. Il en place une dans le Tardenois, parce que Fère et Dole, qui en font partie sont des noms Gaulois qui désignent des amas de familles réunies en un même endroit. Mais ce ne sont là que des conjectures, et ce savant en a donné beaucoup.

Au reste, le bois où s'est fait cette découverte s'appelle dans le pays le bois du *Mensonge*. Il semble être une suite de la forêt de Dole, qui en est tout proche et n'en est séparé que par un petit espace. Mais comme Mensonge et Dole peuvent bien avoir une même origine dans la tradition, par une fausse analogie, ils n'apprennent rien sur le terrain en question. On ne connoit dans le voisinage ni voie romaine ni chemin militaire. L'Itinéraire d'*Antonin* ni la carte de *Peutinger* n'en font aucune mention, et le grand chemin qui passe actuellement auprès et qui conduit à Fismes est un chemin ordinaire. On ignore aujourd'hui la position véritable de plusieurs des plus fameuses villes de l'antiquité ; aussi on peut bien n'avoir conservé aucun souvenir de l'habitation quelconque formée dans le bois du Mensonge. Cependant, Monsieur, vous qui êtes à la source de toutes les richesses littéraires, vous pourriez, si vous en avez le temps, donner quelques heures à cette recherche.

Fère et ses environs ne sont cités, à ce que je pense, dans aucun de nos anciens auteurs. *Duchêne* en a parlé dans son histoire de la maison de Dreux comme d'une terre dépendante de l'ancien comté de Braine, et il dit dans celle de Chastillon-sur-Marne que *Gaucher de Chastillon* la vendit en 1394 à *Louis* de France, duc d'Orléans, à la charge d'en faire hommage par ses procureurs au comté de Braine, et qu'il y a acte de cette mouvance dans l'inventaire des titres de Fère qui sont au trésor de Chantilly.

Après la mort du duc d'*Orléans*, Fère est passée aux comtes d'Angoulême, et *François premier* en fit don au connétable de *Montmorency* en 1528, en faveur de son mariage avec une princesse de Savoye. C'est, je pense, ce même Connétable ou son fils qui a fait bâtir le gros et fort château qu'on voit aujourd'hui dans le parc de Fère, à la place de la forteresse qu'il y avoit auparavant et qui subsistoit dès le douzième siècle. Cette terre appartient à présent à S. A. M. le duc d'*Orléans*.

Voilà, Monsieur, tout ce que je puis vous dire de Fère et de notre découverte. Si vous parvenez à en savoir davantage, vous me ferez grand plaisir de m'en faire part.

J'ai l'honneur, etc.

Signé : JARDEL.

Laon. — Imprimerie de Ed. FLEURY.

www.ingramcontent.com/pod-product-compliance
Lightning Source LLC
Chambersburg PA
CBHW071006280326
41934CB00009B/2195